EN HAUT-LIVRADOIS

Coppat, Coupat

PAR

PIERRE COUPAS

AUCH
IMPRIMERIE BREVETÉE L. COCHARAUX
RUE DE LORRAINE

1901

COPPAT, COUPAT

DU MÊME AUTEUR :

Notre département : l'Allier. — Librairie Ch. Delagrave, Paris; brochure in-12.

Le département de l'Allier. — Imprimerie A. Couvreul, Moulins, 1883; 1 volume in-8° (épuisé).

Histoire du Berry. — Imprimerie Commerciale, Bourges, 1891; 1 volume in-12 (épuisé).

Notice géographique du département du Cher. — Librairie Guérin & C¹ᵉ, Paris; in-4° couronne.

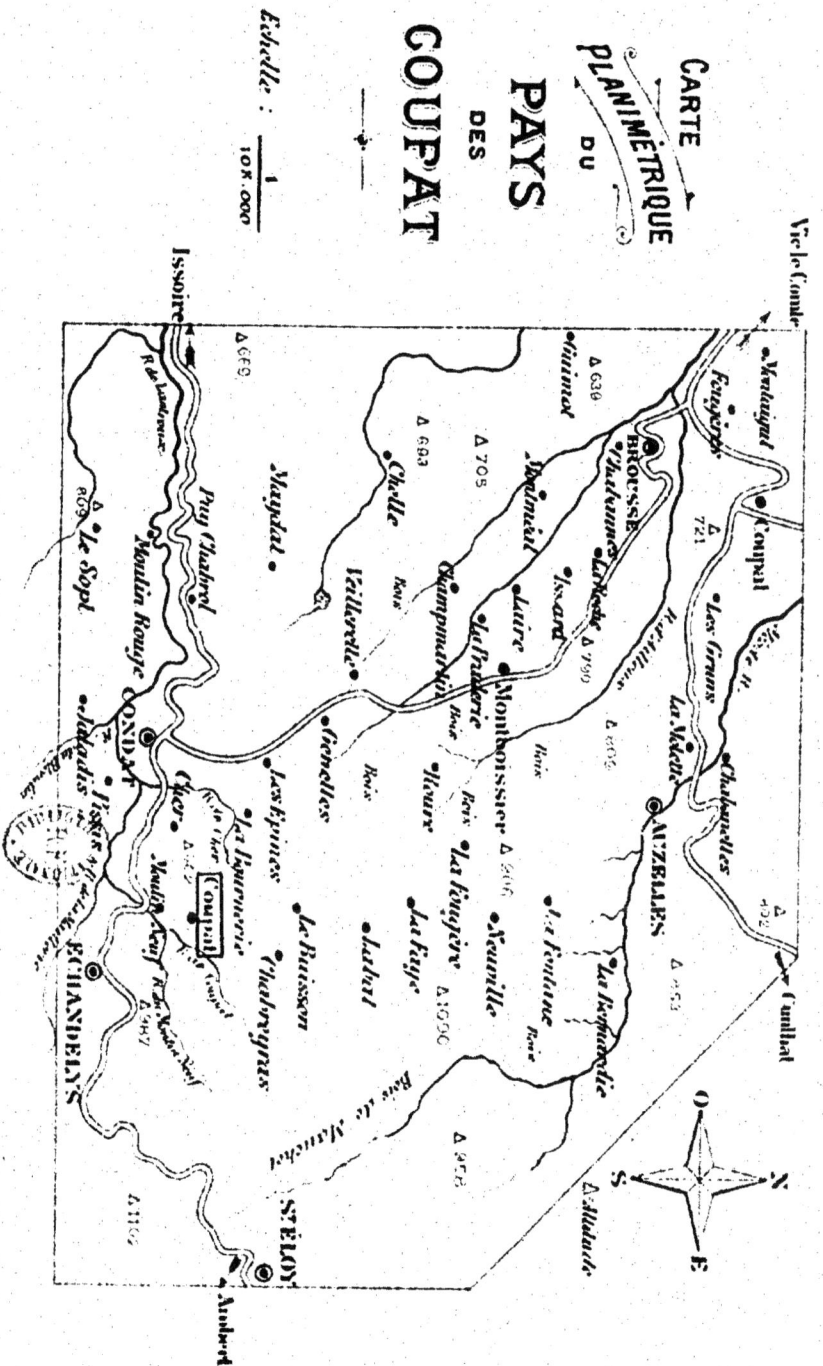

EN HAUT-LIVRADOIS

Coppat, Coupat

PAR

PIERRE COUPAS

AUCH
IMPRIMERIE BREVETÉE L. COCHARAUX
RUE DE LORRAINE

1901

COPPAT, COUPAT

I.

LE NOM ET LE PAYS.

Le Haut-Livradois.

ENTRE la vallée tertiaire de la Dore ou *Bas-Livradois* et la plaine tertiaire de la *Limagne* d'Issoire s'épanouissent largement les *monts granitiques d'Allier* ou *du Livradois*.

Cette masse de terrain primitif constitue une région accidentée que l'on désigne, de Saint-Germain-l'Herm, au sud, à Saint-Dier, au nord, sous le nom de *Haut-Livradois*.

Vers le centre, sont les *hauteurs de Saint-Éloy-la-Glacière* dont les points culminants dépassent 1.100 mètres d'altitude. Elles envoient leurs eaux dans toutes les directions, au sud, au nord, à l'ouest, à l'est, vers l'Allier et la Dore.

Celles de ces hauteurs que couvrent en partie les sapins et les pins du *Bois de Mauchet* atteignent encore 1.000 mètres. Sur leur pente occidentale se forment des ruisseaux dont les eaux se mêlent non loin d'Échandelys et se hâtent vers la vallée du Lastroux et de l'Eaumère, l'un des chemins naturels qui relient le Haut-Livradois à la plaine de la Limagne.

Le hameau de Coupat.

C'est là, au cœur même du pays haut-livradois, à 1.300 mètres au N.-N.-O. d'Échandelys, que se trouve le hameau de *Coupat* où prirent naissance les premières familles du nom de *Coupat*.

Ce hameau est situé sur le versant méridional du dos de pays qui s'appuie, au N.-E., aux hauteurs du Bois de Mauchet et descend comme un talus vers les ravins que les eaux ont creusés dans le granit au S. et au S.-O.

Ses trois ou quatre maisons d'habitation qu'ombragent des frênes, des chênes et même des noyers, sont bâties sur une sorte de promontoire, de 850 mètres d'altitude moyenne, faisant brusquement saillie, à l'est, au-dessus des ruisseaux de Coupat et du Moulin-Neuf; aussi nettement coupé, à l'ouest, par le vallon qui le sépare du mamelon que domine la Roche de Cher (902 mèt.), et prolongeant sa pointe vers le sud jusqu'au Moulin-Neuf.

C'est un des points les plus remarquables de la région : on dirait une fortification en angle saillant, établie sur les bords des ravins et de la route d'Ambert à Issoire par Échandelys et Condat pour défendre l'accès du plateau.

L'ancien nom : Coppat.

Coupat, nom de lieu et nom de personne, est une altération de *Coppat*.

Il paraît certain que, dès la fin du moyen âge, l'on prononçait déjà *Coupat*; mais l'écriture devait garder longtemps encore le vieux mot de *Coppat*. Dans les documents du xviie siècle, on le trouve presque toujours écrit sous cette vieille forme que l'on rencontre encore quelquefois dans les actes authentiques du xviiie siècle.

Transformation de Coppat en Coupat.

La transformation de *Coppat* en *Coupat* est une des altérations régulières de la phonétique *.

Les peuples tendent naturellement à rendre la

---

* Louis PUECH, *Notes de Grammaire historique.*

prononciation de leur langue aussi aisée, par conséquent, aussi douce que possible.

La rencontre de deux consonnes, le choc de deux sons fortement appuyés, est une des difficultés de l'articulation. Aussi la langue populaire tend-elle à faire disparaître l'une des deux consonnes, la première.

Tantôt cette première consonne tombe complètement : *rupta* a donné *route*.

Tantôt elle se transforme en voyelle plus facile à prononcer : on a dit d'abord *altre* puis *autre*, *alcun* puis *aucun*. *Coupeau*, sommet d'un coteau, d'une montagne, est un diminutif de l'ancien français *coppe*, sommet *.

La deuxième consonne est conservée parce que, étant placée en tête d'une syllabe, elle est plus fortement articulée. La première, au contraire, s'est transformée en voyelle, s'est vocalisée en *u*.

Le moyen âge appliqua d'ordinaire ces règles, créées par l'instinct. On prononça et on écrivit *Coupat* au lieu de *Coppat*, *Coupel* au lieu de *Coppel* (paroisse de Saint-Julien).

Dès le XVIe siècle, le système *phonétique* du moyen âge se trouva aux prises avec le système *étymologique* qui visa à rappeler les origines du mot. On rétablit alors *Coppat* et *Coppel*, mais sans cesser

---

* Littré, *Dictionnaire de la langue française*.

d'obéir, pour la prononciation, à l'usage séculaire qui avait transformé le premier *p* en *u*.

Tandis que la forme *Coppel* allait définitivement prévaloir, *Coupat*, assujétissant l'écriture à la prononciation, prenait, dans le cours du XVIII° siècle, la place de *Coppat*. On lui laissa souvent ses deux *p* étymologiques et on écrivit *Couppat, Couppa;* mais peu à peu *Coupat*, avec ses variantes *Coupas* et *Coupa*, devint la forme ordinaire.

Origine du nom de Coppat.

Le lieu dit *Coppat*, puis *Coupat*, s'est-il nommé d'après le propriétaire gaulois, romain ou germain, ou s'est-il nommé d'après sa position géographique?

I. — Dans le système organisé en Gaule par l'administration romaine pour la répartition et la perception de l'impôt, la terre prit le nom de son possesseur. On connait des milliers de domaines ayant appartenu à des propriétaires gaulois, romains ou germains dont le nom se laisse reconnaître sans peine dans le nom de la commune, du village ou du hameau qui occupe aujourd'hui le même emplacement. *Juliacus*, c'est le domaine de *Julius; Severiacus*, le domaine de *Severius*. Les lieux appelés *Aubignac, Aubignat, Albignat, Aubigny*, tirent chacun leur nom d'un certain *Albinus* qui en fut le premier propriétaire.

Les Romains donnaient donc une valeur ethnique aux noms de personnes en remplaçant le suffixe ordinaire de ce nom par le suffixe ethnique *iacus* ou *acus*.

La désinence *iacus* s'est modifiée de façons différentes.

Dans le Midi, l'accent s'est porté sur *ac* et a produit des noms terminés en *ac*.

En Auvergne, l'*ac* s'est assourdi en *at, as, a* par l'affaiblissement ou la chute du *c*.

Dans le Centre et dans le Nord, l'accent de *iacus* s'est porté sur *i* et a produit les noms terminés par *i, y*. Ex. : *Floriacus* = *Fleury*.

Les terminaisons *ac, at, i,* se sont modifiées selon les provinces et ont donné *ay, ey, et, é*.

Ainsi le nom d'origine romaine *Cuspiacus* (le domaine de *Cuspius?*) est devenu *Coupé* en Champagne*. En Auvergne, il aurait pu donner *Coupat*, mais sans passer par la forme intermédiaire *Coppat*. Or, l'on sait que *Coupat* est une altération régulière de *Coppat*.

L'absence de preuves ne nous permet donc pas d'inférer de ce qui précède qu'un nom de personne soit entré dans la composition du nom de lieu *Coppat*.

* LONGNON, de l'Institut, *Les noms de lieux de la Marne*.

II. — Un fait reste constant, c'est que la majorité des noms de lieu ont été déterminés par des influences naturelles. La nature, en effet, est antérieure à l'histoire; l'aspect du pays, l'eau, les montagnes, les vallées, les arbres, sont des signes de reconnaissance suffisamment clairs dans un faible rayon; ce sont les plus commodes pour des populations primitives avant tout soumises à l'influence des conditions physiques.

Sans quitter la région haut-livradoise, on peut constater que les localités sont nombreuses dont les noms ont été dictés par des raisons naturelles.

Montboissier, *Montméat*, *Montcoudoux*, *Montbessoux*, *Montaigut*, sont formés du mot latin *mons*, montagne, en composition avec un adjectif qualificatif. Les nombreux *Montel*, *Monteil*, *Monteix*, viennent du diminutif *monticellus*, petite montagne.

Le *Puy*, le *Pouhet*, *Pissis*, sont des transformations du latin *podium*, hauteur, élévation nettement caractérisée.

Le *Grun*, le *Sopt* et le *Suc*, avec les variantes le *Suque*, le *Souchet*, la *Souche*, sont les noms génériques de quelques monticules du Livradois.

La hauteur de *Cher*, au N.-O. d'Échandelys et à l'O. de Coupat, tire son nom du celtique *quair*, *cair*, *quer*, qui signifie pierre, rocher, et, par chuintement, est devenu *cher*.

La *Roche* a formé les noms de plusieurs localités.

Condat est un mot celtique ayant la même valeur que confluent.

La *Gorce* est un fond de vallée, un lieu rempli de pierres ou de mauvaises herbes.

La *Goutte*, les *Gouttes*, du mot de basse latinité *gutta*, ruisseau, torrent, servent généralement à désigner des bas-fonds où les pluies d'orage forment de petits ruisseaux torrentiels.

Les mots latins *fons, fontes, fontana*, source, fontaine, se retrouvent dans un grand nombre de noms de lieu : *Fontbonne*, la *Fontane*, etc.

Le *Bost*, le *Bouchet*, le *Buisson*, les *Épines*, le *Faut*, la *Faye*, la *Fayette*, la *Fougère*, *Genettes*, l'*Osmeau*, le *Vert*, la *Vaisse*, proclament leur provenance.

Sault vient du latin *saltus*, bois, forêt.

Fouilloux, la *Fouilhe*, étaient jadis employés pour désigner des lieux feuillus avec désordre.

La *Chassagne* est un lieu planté de chênes et *Roure*, un lieu où croit le chêne *rouvre*.

Griffol, *Griffolle*, sont des lieux où abonde le houx.

Brousse vient de *broca, brossa*, terrains couverts de broussailles.

Essart, du latin *sartus*, bois défriché, a produit *Issard, Issertaux*.

Les vieux mots *usclat, uscle*, qui signifient bois ou lande incendiés, ou encore terrain préparé par l'écobuage, ont donné, dans notre région, la forme *Uselade*.

Les champs, dans les divers sens de terre cultivée, de pré, de terre inculte et stérile, d'espace vague et indéterminé, ont été désignés au moyen âge par une foule de termes : *campus, pratum, laer* et *larricium, coudercum, bugia*, etc.

Campus se retrouve dans *Laschamps, Champmartin* *.

Pratum et son diminutif *pratellum* ont formé le *Prat, Pradel*, etc.

Laer et *larricium*, synonymes de landes, ont produit *Lair, Laire*.

Le mot de basse latinité *coudercum* a donné *Couderc, Coudert*, qui signifie petit vacant au-devant d'une ferme, d'une maison, où il croît du gazon, de l'herbe, et, plus souvent, désigne un pâturage communal.

La *Bughe* ou la *Buge* est un pacage situé souvent près de la maison d'habitation ; c'est presque toujours un lieu inculte où l'herbe a poussé naturellement.

---

* *Campus*, champ, existe-t-il dans *Échandelys* ou *Échandelis ?* Deux tentatives d'explication m'ont été indiquées :

1º *Échandelis* signifie peut-être champs de bordure, terres frontières ;

2º Le *campus* qui figure dans ce nom, est le synonyme de *castrum* (forteresse), et *Élis* ou *Alis* entre seul ou en composition dans bien d'autres noms de lieu de la Gaule (*Allichamps, Aliscamps*).

Saignes, Seignes, Sagne, désignaient jadis des prairies couvertes d'eau croupissante, des marais abondant en joncs.

Ces exemples nous montrent assez que, parmi les causes qui ont donné naissance aux noms de lieu, les influences naturelles sont les plus nombreuses.

Aussi peut-on admettre que, dans la région des Gruns, des Pissis, des Sopts, des Sucs, etc., où tant de localités ont pris le nom de la hauteur qui les domine ou sur laquelle elles sont bâties, le lieu dit *Coupat,* autrefois *Coppat,* en raison de sa situation, a été ainsi appelé du mot de basse latinité *Coppa* que Littré a interprété par sommet et dont on a dû se servir, dans le Livradois, pour désigner plus spécialement d'énormes masses de terres ou de rochers formant talus ou faisant brusquement saillie au-dessus des vallons ou des ravins.

INCERTITUDE ÉTYMOLOGIQUE. — Le problème de l'origine du nom de Coupat d'Échandelys est-il suffisamment éclairci ? Il reste bien des obscurités à dissiper.

Ainsi, bien qu'il ne soit pas douteux que les vieux mots *grun, suc, sopt, pissis, coppat,* etc., ont été employés pour désigner des hauteurs ou des amas considérables de terres et de rochers, il n'est pas certain que tous les lieux habités portant ces noms les aient empruntés à des accidents de terrain.

Dès le XVe siècle, un grand nombre de petits domaines prirent le nom de leur propriétaire, précédé de l'article pluriel. Ex. : les *Bernards*, les *Cibauds;* peut-être aussi les lieux dits les *Combes*, les *Grans*, etc. Quelquefois le nom du propriétaire fut légèrement défiguré, et, de même qu'autrefois les Romains, nos pères ajoutèrent à leur nom de famille un suffixe particulier pour l'appliquer à leurs terres. Ex. :

Famille Bernard, la *Bernardie;*
Famille Cibaud, la *Cibaudie.*

Peut-on rapporter l'origine du nom de *Coupat* de Brousse à la même influence ? C'est possible. Une famille de ce nom serait venue, au XVe ou au XVIe siècle, s'établir au N.-E. de Brousse sur le flanc occidental d'un plateau qui se développe entre les vallées de la Méode et de l'Ailloux. Son domaine, qui s'est longtemps appelé *le Coupat*, aurait d'abord été dénommé *les Coupat*. C'est aujourd'hui un village assez important : il compte une vingtaine de maisons d'habitation, presque toutes abritées dans un repli de terrain que dominent deux routes en V, la route de Vic-le-Comte à Cunlhat et celle de Coupat à Saint-Dier par la Vie. Son nom a conservé l'article sur les cartes actuelles; mais, dans le pays, on dit et on écrit communément *Coupat.*

Je me ferais un scrupule de donner une conclusion à cette petite étude sur l'origine du nom de *Coupat*. Sur un terrain aussi glissant que celui des étymologies, je sais combien la circonspection est nécessaire et combien il faut se défier des mots les plus simples en apparence, quand on ne peut s'appuyer sur des documents.

Coup d'œil général sur le pays des Coupat.

Si, du hameau de Coupat (commune d'Échandelys) que l'on peut considérer comme le point de départ des Coupat, l'on mène une ligne au village de *Coupat* (commune de Brousse), on divise en deux parties le pays où vécurent de nombreuses familles de ce nom.

Sur cette ligne est l'important village de *Montboissier*, au pied du mamelon où se dressait le château de la puissante maison de Montboissier.

A droite : le *Buisson*, *Labat*, la *Faye* (commune d'*Échandelys*), la *Fougère*, *Neuville*, la *Fontane* (commune d'*Auzelles*); à gauche : la *Bournerie*, les *Épines*, *Genettes*, *Veillerette* (commune de Condat), *Champmartin*, *Laire*, *Montméat* (commune de Brousse), etc., sont les villages, hameaux ou « domaines » où s'établirent successivement, aux siècles derniers, les petites gens, tenanciers, métayers, journaliers, scieurs de long, dont je descends.

Comme tout le Haut-Livradois, ce coin de pays est très accidenté. C'est une région granitique dont l'altitude varie de 700 mètres, à l'O., à 1.000 mètres, à l'E., et que coupent, du S.-E. au N.-O. et de l'E. à l'O., des vallées profondes et sinueuses, bassins de réception ou couloirs torrentiels d'écoulement.

Entre les vallées, des plateaux où se trouvent les meilleures terres, des coteaux et des monticules auxquels s'accrochent souvent des hameaux, alternent avec des croupes boisées et des pentes arides que le rocher crève en maint endroit et dont de faibles étendues ont été rendues accessibles à la culture.

Le pays n'offre que rarement quelques-uns des aspects propres aux régions volcaniques. Il n'y a guère à signaler que les formations basaltiques qui recouvrent une moitié de l'intéressante butte de Montboissier.

Une grande partie des eaux va, par les ruisseaux de *Lastroux* et d'*Ailloux*, à l'*Eaumère*, affluent de l'*Allier*.

Le Lastroux, branche principale de l'Eaumère, est déjà constitué à Condat par les ruisseaux du *Moulin-Neuf*, de *Coupat*, de la *Maillerie* *, de *Cher*

---

* Maillerie. de *mail*, marteau : moulin où l'on foulait la serge.

et du *Blondin*. Il parcourt, jusqu'à Sauxillanges, une très pittoresque vallée, au fond verdoyant et charmant de fraîcheur, qui se déroule entre des hauteurs dont les flancs sont couverts d'énormes amoncellements de granit, de taillis de chênes, de bouleaux et de pins clairsemés, de tapis violacés de bruyère, de maigres broussailles : épines, ronces, ajoncs, genêts, etc.

L'Ailloux naît au cœur du pays, où Brousse, Auzelles, Échandelys et Condat ont une borne commune, et roule ses premières eaux sous le couvert de grands bois dont les verdures vives ou sombres donnent au paysage un charme pénétrant. Une route facile et gracieuse dessert sa vallée supérieure, l'enlace entre ses replis et franchit d'un saut brusque le ravin profond et resserré, en l'un des points les plus intéressants. Au-dessous de Brousse, l'Ailloux reçoit le long ruisseau de *la Praderie*, grossi du ruisseau de *Charlet* ou de *Veillerette*, dessine la grande boucle de Laval, reçoit encore le ruisseau de *Chelle* et sort de son couloir torrentiel pour aller, par un long détour, se réunir en plaine à l'Eaumère.

L'autre partie des eaux est recueillie par le ruisseau d'Auzelles, la *Méode*. Ce ruisseau naît au S.-E. du Bois de Mauchet, dans des montagnes granitiques de plus de 1.000 mètres, roule ses eaux claires et froides au fond des gorges étroites, sinueuses et profondes d'Auzelles, rencontre les mines de plomb argentifère de Chabanettes et tourne peu à peu au N. pour se diriger vers la *Dore*. Comme les précédentes, la vallée de la Méode, le *Vauméode*, offre de fraîches prairies, de délicieux sous-bois et aussi des accidents de terrain d'une variété infinie.

II.

CONDITION DES PERSONNES ET DES TERRES.

La maison de Montboissier.

A L'ÉPOQUE féodale, cette partie du Haut-Livradois était comprise dans le fief de la puissante maison qui avait emprunté l'appellation sonore de *Montboissier* à la hauteur sur laquelle se dressait son manoir aux murailles épaisses et massives [*].

Cette maison est connue, dès le Xe siècle, par *Hugues-Maurice, seigneur de Montboissier*, surnommé le *Décousu*, le fondateur des riches prieurés de Cunlhat et d'Arlanc.

Parmi ses descendants, citons : *Eustache Ier*, seigneur de Montboissier; son frère, *Pierre le Vénérable*, abbé de Cluny, ami de saint Bernard, abbé de Clairvaux, mort en 1156; *Eustache II*, dont on conserve,

---

[*] Le petit plateau qui couronne la butte et sur lequel s'élevait le château, est maintenant livré à la culture de l'avoine, du seigle et des pommes de terre. Sur les flancs, où croissent en abondance l'aubépine et le buis, on voit encore, parmi les hêtres, les chênes et les bouleaux clairsemés, une partie des fondements des anciens murs d'enceinte.

dans les chartes royales, le testament de 1248; *Louis*, seigneur de Montboissier, mort en 1414; *Jean III*, qui épousa, en 1459, Isabeau de Beaufort-Canillac; *Jacques*, seigneur de Montboissier, qui, en 1511, reçut de son grand-oncle maternel, Louis de Beaufort-Canillac, les comtés de Beaufort et d'Alais, le marquisat de Canillac, la seigneurie de Pont-du-Château, etc., et joignit à son nom et à ses armes ceux de la célèbre maison de *Beaufort*, à laquelle appartiennent les papes avignonnais Clément VI et Grégoire XI.

Les habitants du fief à l'époque féodale : les mainmortables.

Dans les dépendances du fief, habitaient les vilains, manants, serfs, épars ou réunis en hameaux et villages. Ces hommes, qui n'avaient pas même de nom, prenaient celui du sol auquel ils étaient attachés et s'appelaient du Bois, du Pré, de la Roche, du Montel, de la Gorce, d'Issard, du Mas, de Coppat, etc.

Ils cultivaient le sol sous trois conditions : 1º ils payaient une redevance annuelle et comme un prix de fermage, soit en argent, soit en grains, soit en travail de corps; 2º ils ne devaient jamais se séparer de ce sol, ni quitter la seigneurie, ni se marier en dehors d'elle ; 3° ils ne pouvaient disposer de leurs biens par testament : ils étaient mainmortables.

Rien n'était plus triste pour ces paysans que de ne pouvoir transmettre même à leurs enfants ce qu'ils avaient acquis par le travail.

Toutefois la mainmorte n'était pas absolue. La vie commune, le partage du feu, du sel et du pain, réunis aux liens du sang, conservaient l'hérédité dans la famille. Cette exception à la rigueur du principe eut pour effet d'immobiliser, en quelque sorte, les populations, de vouer à l'avance les enfants au sol qu'avaient cultivé leurs pères, de confondre le paysan avec la glèbe qu'arrosaient ses sueurs.

Les tenanciers.

La période 1250-1350, l'une des plus intéressantes de notre histoire locale, voit surgir la classe des tenanciers libres.

Sur tous les points du pays, les défrichements de forêts, de brousses, de landes, sont entrepris avec ardeur; on coupe, on brûle, on pratique des éclaircies, des essarts, des *usclats*. On se dispute les laboureurs qui haussent de prix. Pour les retenir sur le sol, les Montboissier les affranchissent en grand nombre et leur « baillent à cens » de grandes étendues de ce sol, c'est-à-dire les leur donnent sous certaines charges et redevances.

Par les franchises, le seigneur renonçait à la mortaille ou mainmorte, mais il se réservait le droit de déshérence ; toutefois, la concession était plus ou moins large et généreuse et multipliait ou diminuait les occasions dans lesquelles ce dernier droit pouvait s'exercer.

A la fin du XIV° siècle, Louis de Montboissier, « seigneur des châteaux et châtellenies de Montboissier, du Monteil, Aubusson, Boissonnelle et Vau-néode », prétendait avoir droit de mainmorte sur « les manants et habitants desdites châtellenies, avec privilège d'être plus habile à succéder et préféré aux parents et alliés de cesdits hommes venant à décéder, excepté leurs enfants qui se trouveront *en leur puissance lors du décès*, leurs frères et sœurs *communs en biens avec lesdits décédés lors du décès.* »

Les tenanciers se prirent à désirer un régime plus régulier que la volonté arbitraire du seigneur. Ils s'entendirent, s'associèrent pour obtenir des garanties et des règles fixes, non seulement en matière de mainmorte, mais encore sur le paiement de toutes les redevances dont ils étaient tenus envers le seigneur.

L'affaire fut portée devant la juridiction royale des Exempts d'Auvergne, siégeant à Cusset et ressortissant au parlement de Paris. Malgré la pression que pouvait exercer sur elle le riche et puissant Louis de Montboissier, la cour royale devait accueillir favorablement la requête des manants livradois.

Les rois avaient favorisé l'affranchissement des paysans, parce que leur intérêt le plus grand était d'avoir non des serfs, échappant aux tributs politiques, mais le plus possible de sujets libres, individuellement imposables. Leurs tribunaux pouvaient-ils être infidèles à cette politique remarquable qui avait fait d'eux les soutiens des faibles contre l'oppression des grands ?

Le procès traînait depuis de longues années, lorsque Louis de Montboissier, prévoyant sans doute une issue contraire à son désir, résolut de terminer le différend par un arrangement à l'amiable.

L'acte de transaction qui intervint entre lui et « les manants des cinq châtellenies » fut fait à Sugères, « le lundi dernier jour d'avril, les 1er, 2e, 3e, 4e et 5e de mai, en l'an 1403 » *.

La question de la mainmorte était ainsi réglée : « Ledit seigneur a voulu et accordé pour lui et ses successeurs que lesdits hommes demeurent quittes,

---

* « Extrait et collation de ladite transaction » faits, le 6 novembre 1644, par notaire royal, à la requête de « Catherine de Tréfort, veuve de haut et puissant seigneur marquis de Canillac, en présence de M. Jean de Pelay, docteur en Sorbonne. » — Une copie de cet « extrait » fut établie, en 1787, par MM. Duranton et Marcland, notaires royaux à Cunlhat, sur la demande de M. Teyras de Grandval. Cette « copie » est entre les mains de M. Sébastien Marcland, de Cunlhat, qui me l'a obligeamment communiquée. — Dans son intéressante monographie d'*Iserteaux*, M. Bravard en a donné un bon résumé.

libres et déchargés dudit droit et privilège par lui prétendu... Mais, à défaut de parents et héritiers lignagiers, il exclura des successions tous autres héritiers étrangers sans qu'il y puisse être dérogé par testament et autres dispositions de dernière volonté desdits décédés qui ne pourront et n'auront liberté de disposer de leurs biens que pour des legs pris jusqu'à la 4ᵉ partie desdits biens ».

Cette convention et d'autres relatives à la taille aux quatre cas, aux corvées, aux eaux et moulins, à la chasse, à la guerre, aux lods et ventes, aux droits de mariage et de noces, au cens, aux péages et leydes, etc., substituaient *en droit* une situation nettement définie à *l'arbitraire* seigneurial.

Parmi les sept cents à huit cents tenanciers qui « veulent et consentent pour eux et leurs successeurs » lesdites conventions, figurent « Jean de Coppat, du Guenol; Blaise de Coppat, demeurant à Échandelis; Pierre de Coppat, demeurant au lieu de Coppat. »

La servitude de la terre.

Le cens marquait le sol, à sa sortie du fief noble ou ecclésiastique, d'un caractère indélébile. Sans doute le bailleur, c'est-à-dire l'ancien propriétaire, avait « livré, cessé, quitté, transporté et octroyé, à toujours et à perpétuité, au preneur et à ses successeurs, » la terre qui avait fait l'objet du contrat, et, par suite, le « bail à cens », l' « accensement », était une vente positive et non une location ou un fermage. Mais cette vente était effectuée pour un revenu invariable au lieu de l'être pour un prix principal une fois payé ; de sorte que le possesseur actuel, tout en ayant le droit de jouir des revenus de la terre, était soumis envers l'ancien propriétaire à des impôts imprescriptibles et irrachetables.

Le censitaire pouvait, il est vrai, aliéner son domaine, « à condition que les acquéreurs en payeraient la rente et les *lods et ventes* au seigneur... ». Ces *lods et ventes* étaient donc les droits de mutation que percevaient, avant 1789, les héritiers des possesseurs primitifs sur les biens vendus dans leur *censive*. Les privilégiés eux-mêmes, en acquérant un domaine roturier, étaient tenus envers le seigneur dont ce bien-fonds relevait aux mêmes obligations que les manants ou les bourgeois. Les *lods et ventes* étaient assez considérables partout. Ils s'élevaient, suivant les coutumes, au tiers, au sixième ou au douzième du prix de la vente.

Le bail à cens permettait enfin au paysan dont « l'héritage ne valait les charges » de le quitter, d'être « reçu au déguerpissement », en même temps que déchargé des redevances seigneuriales. Néanmoins, il était encore lié au sol par la taille royale ; même s'il n'était que simple journalier, ne possédant rien dans une paroisse où le travail manquait à ses bras, il ne pouvait passer dans une autre élection sans payer la taille en deux endroits pendant deux ou trois années.

On s'explique pourquoi, pendant toute la durée de l'ancien régime, les Coupat, petits propriétaires, métayers, journaliers, restent, sinon attachés au même lieu, du moins fixés dans la même région haut-livradoise.

Le temps amenait à sa suite quelque amélioration dans le sort des habitants des campagnes. En 1510, l'Assemblée des États de la province, où siégèrent le seigneur de Montboissier et le marquis de Beaufort-Canillac, approuva les *Coutumes d'Auvergne*, rédigées par deux conseillers du parlement de Paris, délégués par Louis XII; elles assuraient aux justiciables des garanties nouvelles.

Violences des nobles.

Mais la législation ne réussissait pas toujours à modifier d'une façon avantageuse la situation des paysans. Les juges du pays étaient trop faibles et le parlement de Paris trop éloigné. Jusqu'au milieu du XVII° siècle, l'Auvergne fut sous la terreur de certains gentilshommes qui se livraient à des excès de tout genre.

Les intendants de Richelieu et de Colbert firent

sentir au gouvernement la nécessité de sévir contre eux.

Louis XIV réprima enfin leur audace. Une commission extraordinaire du parlement de Paris, qu'on appela les Grands-Jours d'Auvergne, fut envoyée à Clermont en 1665 pour informer contre eux. Investie de pouvoirs absolus, elle fit bonne et prompte justice.

A elle seule, la maison des Montboissier-Beaufort-Canillac fournit aux Grands-Jours cinq accusés, tous coupables et tous condamnés. « Le plus innocent des Canillac » était, dit Fléchier, le vicomte de La Mothe-Canillac, qui avait, dans une embuscade, blessé un gentilhomme et tué un de ses serviteurs*. Il fut jugé et exécuté en quatre heures. Le plus étrange représentant de cette famille était Jacques-Timoléon de Beaufort, marquis de Canillac. Il levait sur les paysans la taille de Monsieur, celle de Madame, celle de leurs enfants. Pour terroriser le pays, « il entretenait dans des tours douze scélérats, dévoués à toute sorte de crimes, qu'il appelait ses douze apôtres, qui catéchisaient avec l'épée et avec le bâton ceux qui étaient rebelles à sa loi. Il leur avait donné des noms fort peu apostoliques, appelant l'un *Sans-Fiance*, l'autre *Brise-Tout* et ainsi du reste. » Il fut

* D'après une tradition locale, le guet-apens aurait été dressé entre le bois de Roure et le bois de la Rodde.

décapité... en effigie; à la nouvelle des Grands-Jours, il s'était enfui en Espagne *.

Les seigneurs de Chabannes.

A côté des Montboissier, s'étaient élevées d'autres maisons seigneuriales, parmi lesquelles nous citerons celle de Chabannes.

Sa résidence principale était le château de Chabannes, situé à quatre cents mètres de Brousse, à l'extrémité occidentale d'un plateau qui, de ce côté, domine la sinueuse et verdoyante vallée du ruisseau de la Praderie et va s'élevant vers l'est par gradins successifs **.

A la fin du XVIIe siècle, le chef de cette maison

---

* Au XVIIIe siècle, les plus célèbres représentants de cette maison furent :

Pierre-Charles de Beaufort-Montboissier, marquis de Canillac, né en 1694, lieutenant-général des armées du roi;

Philippe-Claude de Beaufort-Canillac, marquis de Montboissier, lieutenant-général en 1738, mort en 1765 à Pont-du-Château;

Son fils, Philippe-Claude, comte de Montboissier, seigneur de Pont-du-Château, lieutenant-général en 1748; député de la noblesse pour le bailliage de Clermont (1789); il émigre, rejoint l'armée des princes, passe en Angleterre et meurt à Londres en 1797.

Dans l'*Annuaire-Bottin* de Paris pour l'année 1901, je relève le nom suivant : Marquis de Montboissier-Canillac, boulevard Saint-Germain.

** De ce château, depuis longtemps démoli, il ne reste que des pierres dont une grande partie a servi à faire des clôtures autour des champs.

était « Gabriel de la Gardette de Sommièvre, écuyer, seigneur de Chabannes, Laire, Lafayette-Vieille et autres ». Il maria sa fille et héritière à M. Camille Du Clos de Lestoille, lieutenant dans les armées du roi. Selon la vieille coutume des nobles de province qui, après avoir poussé leurs services militaires au grade de capitaine où ils s'arrêtaient pour se retirer dans leurs terres avec la croix de Saint-Louis, de Lestoille vint se fixer définitivement à Chabannes. Dans les actes authentiques il est désormais désigné ainsi : « M. Camille Du Clos, chevalier, seigneur de Lestoille et de Chabannes » *.

Malgré tous leurs privilèges, les possesseurs du fief de Chabannes, de même que la plupart des nobles de province, s'appauvrissaient chaque jour. Les terres, jadis données à cens, leur rapportaient toujours le même nombre de sous et de deniers; mais le sou actuel achetait quatre fois moins de marchandises que le sou du XV° siècle. Ils étaient souvent obligés de vendre, et nombre de leurs domaines passaient entre les mains des bourgeois enrichis, des officiers de judicature et aussi des paysans toujours à l'affût des acquisitions possibles.

Comme ils ne tiraient que de médiocres revenus de la ferme de leurs terres, ils devaient, pour soute-

---

* Il eut pour fils « messire Maximilien, chevalier, baron de la Tour-Fromental, seigneur de Lestoille et Chabannes ». (Acte de 1740.)

nir leur maison, exiger avec rigueur l'acquittement des rentes et redevances féodales. Poussés par le besoin d'argent, ils s'efforçaient de resserrer les liens de droit entre eux et leurs tenanciers. Ainsi les contrats s'ajoutaient aux contrats.

La liève de la seigneurie de Chabannes.

En 1690, Gabriel de la Gardette fit rédiger une nouvelle « liève des cens, rentes et droits seigneuriaux dus à la seigneurie de Chabannes » *.

Cette *liève* ou registre nous fait connaître les tènements qui relevaient de la seigneurie de Chabannes, les noms, par tènement, des différents propriétaires ou détenteurs d'héritages tenus à cens, la rente totale due par chaque tènement et la part due par chaque tenancier.

Ces mentions sont suivies d'un acte d'affirmation, signé de Rochon, sieur du Verdier, docteur en droit et bailli de Montboissier, et d'Antoine Fougière, « fermier de la directe seigneurie de Chabannes » : ce dernier s'engage à attester devant le bailli ou juge royal les rentes acquittées et à « rendre audit sieur de la Gardette un reçu par lui affirmé » des paiements effectués.

* Document communiqué par M. Sébastien Marcland, de Cunlhat.

Ce document est précieux, car il nous permet de montrer, avec des précisions particulières, quelques-uns des rapports de la terre noble avec la terre roturière.

De la propriété noble ou fief de Chabannes relevaient une quarantaine de tènements, disséminés dans les paroisses de Brousse, Montboissier, Sugères, Saint-Jean-des-Ollières, Auzelles, Échandelys, Saint-Genès et Condat.

Ces tènements qui, au cours des âges, s'étaient presque tous morcelés en plusieurs héritages, étaient formés de terres non nobles que le seigneur était censé avoir concédées à des *tenanciers*. Il retenait sur elles la propriété *supérieure* qui se manifestait par la perception des droits féodaux. Les paysans étaient en réalité propriétaires, mais ils étaient irrités d'être soumis à des droits imprescriptibles et irrachetables, dont la perception devait être éternelle.

A la vérité, le cens ou rente féodale fixe en argent ou en nature, dont la terre avait été originairement grevée, avait déjà perdu beaucoup de sa valeur par suite de la baisse générale des métaux monétaires. Mais on ne saurait prétendre qu'il suffisait d'un peu de bonne volonté pour l'acquitter.

Dans le tènement du *Courbadour*, situé au nord de « Couppat », paroisse d'Échandelys, vivaient, en 1690, quatorze petits propriétaires.

L'un d'eux, *Jean Coppat*, payait :
- Argent : 1 sol 6 deniers.
- Seigle : 6 coupes.
- Avoine : 6 coupes.
- Géline : demie et quart.

Un autre, *Vidal Coppat* :
- Argent : 1 sol 6 deniers.
- Seigle : 2 coupes.
- Avoine : 2 coupes.
- Géline : demie et quart.

Le tènement de la *Besseyre* ou de la *Bessière*, au nord de Guimot, paroisse de Brousse, devait au total :
- Argent : 21 sols 3 deniers.
- Seigle : 1 septier 7 cartons 3 coupes.
- Avoine : 1 septier 7 cartons 3 coupes.
- Gélines : 2.

Ce cens était réparti entre douze tenanciers, parmi lesquels nous citerons : *Alexandre, Jean* et *Claude Coppat*.

Le tènement de la Molette, à l'O. d'Auzelles, comptait vingt-cinq tenanciers payant ensemble :
- Argent : 23 sols.
- Seigle : 12 cartons 3 coupes 3 quarts.
- Avoine : 12 cartons, 1 coupe.
- Gélines : 6.

Les tènements qui comprenaient les héritages les plus étendus ou les moins pauvres, étaient naturellement soumis à des cens plus élevés.

Le tènement de *Louche* * *Dischausse*, entre la Bournerie et les Épines, dans la paroisse de Condat, appartenait à neuf tenanciers qui avaient à payer ensemble :

    Argent : 30 sols.
    Seigle : 2 septiers 4 cartons.
    Avoine : 2 septiers 4 cartons.
    Gélines : 6.

Le tènement du *Toron* ou *Touron*, à l'est de Montaigut, paroisse de Brousse, formait six héritages dont le plus important était à « Monsieur de la Gardette ».

Pour le tènement entier, il était dû :

    Argent : 37 sols 6 deniers.
    Froment : 1 septier.
    Seigle : 7 cartons.
    Avoine : 7 cartons.
    Gélines : 6.
    Cire : 1 livre.
    Fromage : 1 livre 1/2.

En dehors des limites de la région que nous

---

* *Ouche*, du latin *olca*, terre labourable entourée de fossés, de haies.

étudions, était le tènement de Pailler, paroisse de Saint-Jean, qui comprenait les plus riches héritages de la seigneurie, notamment le domaine du « sieur de la Gardette ».

On comprend que jamais les paysans ne se soient vraiment résignés à ce régime seigneurial qui les vexait dans leur droit de propriété et les obligeait à payer des rentes au possesseur de fief, sans rien obtenir de lui en compensation.

Comme on avait encore le respect de la noblesse, les haines qui s'élevaient autour du château retombaient presque toutes sur « le fermier de la seigneurie », le régisseur. Personne n'était plus impopulaire que cet homme froid et impassible qui, en tout temps, allait de maison en maison, la lièce sous le bras, réclamant à l'un une coupe, un quart de seigle ou d'avoine, à celui-ci une géline, une moitié, un quart de géline, à celui-là un sou, un denier...

Le terrier.

La *lièce* était établie d'après le *terrier* ou *papier terrier*.

Le terrier était un registre où étaient rappelés tous les titres constatant les droits qui appartenaient à la seigneurie, tant en propriétés qu'en droits honorifiques, réels, personnels. On y insérait toutes les déclarations des censitaires, les usages de la seigneurie, les baux à cens, etc.

A la veille de la Révolution, les seigneuries, plus vivaces, plus âpres que jamais, remirent leurs terriers en état, exigèrent de nouvelles « reconnaissances » et se montrèrent plus rigoureuses dans la perception des redevances *.

Cette recrudescence de « féodalisme » fut surtout constatée dans les pays où le revenu des seigneurs était en grande partie composé de rentes sur les héritages. En 1788, le baron de Lestoille, seigneur de Chabannes, et son voisin, le seigneur du Chassaing, exhumèrent des terriers de 1510 et de 1527, une « reconnaissance » de 1508 et d'autres « titres anciens », et confièrent la glose de ces textes précieux aux « sieurs Chalus et Magnin, feudistes ». Une ingénieuse interprétation des termes vagues qui figuraient dans certains articles permit aux deux seigneurs de soumettre à de nouvelles redevances les tenanciers de plusieurs héritages.

Des agents d'affaires, rompus à la chicane, vinrent offrir leurs services aux paysans lésés, les poussèrent à soutenir des procès contre les seigneurs de Chabannes et du Chassaing.

A quelques mois de là, le différend fut tranché : la prise de la Bastille et la nuit du 4 août emportè-

* A. RAMBAUD, *Histoire de la civilisation française*.

rent les terriers, les lièves et toutes les redevances féodales.

Développement de la petite propriété.

Malgré tout, la condition du paysan sous l'ancien régime ne fut pas toujours aussi lamentable que beaucoup de gens le croient encore. Sans doute, il souffrait plus que personne des inégalités de toute sorte. Si lourds que fussent les impôts, les dîmes, les droits seigneuriaux, qui absorbaient souvent les deux tiers du rendement de la terre, il trouvait cependant la possibilité d'économiser quelques écus pour acheter un pré, un champ, démembrés d'un domaine que ne pouvait plus garder le hobereau endetté ou le seigneur qui, sans être ruiné, allait vivre à la cour ou servir dans les armées du roi.

Plus de deux cents propriétaires occupaient les quarante tènements qui dépendaient de la seule seigneurie de Chabannes. Dans les autres parties de la même région haut-livradoise la petite propriété était non moins développée. Nous connaissons même un grand nombre de familles de paysans, comme les Bravard, les Chaboissier, les Champroux, les Dumas, les Marcepoil, les Rouvet, etc., qui parvinrent à accumuler les lopins autour de leur maison et à constituer ainsi de riches patrimoines.

Les Bastier.

Dans toutes les juridictions, même les plus petites, le nombre des « officiers » était excessif. La « justice de Montboissier » comptait, outre le bailli et le lieutenant, un greffier, des procureurs, des notaires, des sergents.

Magistrats, officiers inférieurs de judicature, tous ces hommes vêtus de noir étaient en route pour la fortune et les honneurs. C'est qu'en effet l'homme qui participait à la marche des services publics, l'« officier » du roi, revêtait, en même temps que le costume, une aptitude à obtenir le privilège que détenaient les classes supérieures. Comme toutes les charges étaient vénales, il suffisait donc d'être riche pour avoir des chances d'acquérir la noblesse.

C'est par les fonctions judiciaires et administratives, exercées dans les petits bailliages de Montboissier, Cunlhat et Sugères, que s'élevèrent les Bastier, bourgeois laborieux qui, à travers leur vanité de parvenus, nous apparaissent économes et probes, praticiens habiles à qui la science du droit assurait une influence réelle dans le pays.

Voici quelques noms et quelques dates empruntés à des actes authentiques [*].

[*] Registres paroissiaux de Brousse et de Montboissier.

« 1603. — Bastier, notaire royal.

« 1640. — Christophe Bastier, lieutenant de Montboissier.

« 1646. — Alexandre Bastier, greffier de Montboissier.

« 1710. — Jean-Baptiste Bastier, bailli de Sugères.

« 1712. — Jean-Baptiste Bastier, bailli de Cunlhat et Sugères.

« 1725. — Jean-Baptiste Bastier, seigneur de Laire, la Fayette-Vieille, Maydat, avocat en parlement, bailli de Montboissier et Sugères, habitant au lieu de la Praderie. »

Jean-Baptiste Bastier était « châtelain » de la Praderie : il habitait une maison dénommée « château »[*]. Son fils, Louis Bastier, fut seigneur de Maydat; il y avait aussi ou il y eut bientôt les Bastier de Roure, les Bastier de la Fougère, etc.

Les Bastier font maintenant figure de gentilshommes campagnards, à côté des Chabannes, leurs voisins. Une noblesse relativement ancienne donne peut-être à ceux-ci plus de prestige; mais les premiers jouissent d'une plus grande influence, grâce à plusieurs générations de travail et d'épargne, qui leur ont permis d'acquérir beaucoup de propriétés roturières et aussi des terres démembrées des fiefs

---

[*] L'ancienne résidence des Bastier est située au S.-O. de la butte de Montboissier.

des Montboissier, des Chabannes (comme les domaines de Laire et de Lafayette-Vieille), etc.

Vie des nobles.

Quand ils ne sont pas retenus ailleurs par le service du roi, les Bastier et les Chabannes aiment à vivre dans leurs « châteaux », à la campagne. Ils ont des relations suivies entre eux et avec leurs pareils. Ils parlent surtout de leur bétail, de leurs terres, de leurs droits. Ils visitent souvent leurs métayers, causent avec eux de leur position, de leurs travaux, prennent part à leurs malheurs et à leurs joies. Ils connaissent tous leurs tenanciers, comme tous leurs métayers, par leur nom; ils choisissent parmi eux leurs domestiques et leurs serviteurs. A tous, ils aiment à donner les marques d'un patronage sympathique; ils sont souvent les témoins de leur mariage; et, à leur exemple, leurs femmes, leurs fils, leurs filles, tiennent souvent leurs enfants sur les fonts de baptême.

Une sœur de mon trisaïeul, « Marie-Amable Couppat », née à Champmartin le 12 septembre 1734, eut pour parrain « Monsieur Louis Bastier » et pour marraine « dame Marie-Amable de Lestoille. »

Deux ans auparavant, un cousin de la précédente, « Maximilien Couppa, fils d'Antoine, de Laire », avait été tenu sur les fonts baptismaux par « Maximilien Du Clos de Lestoille, lieutenant au régiment de Lyonnais-Infanterie, » et par « demoiselle Claude Bastier ».

Les Coupat, métayers des Bastier.

Les Coupat dont je descends en droite ligne, issus eux-mêmes de petits tenanciers ou de métayers de la seigneurie de Chabannes, étaient, au commencement du xviiie siècle, métayers au « domaine » de Champmartin, appartenant au « châtelain de la Praderie * ».

Ce domaine comprend aujourd'hui une maison d'habitation avec quelques dépendances et d'assez bonnes terres situées sur l'étroit plateau qui s'allonge entre les ruisseaux de la Praderie et de Veillerette. Il était alors exploité par plusieurs familles de métayers.

En 1734, elles comptaient ensemble de quinze à vingt membres; mais, sans autre guide dans mes

---

* Quelques-uns de mes nombreux cousins et petits-cousins, connus et inconnus, préféreraient peut-être que j'établisse une filiation qui, laissant de côté les métayers, les rattacherait directement aux *de Coppat* du moyen âge. S'ils en exprimaient le désir, j'écrirais volontiers, pour leur usage, une généalogie où je prouverais que, non seulement ils ont droit à la particule des *de Copp.* mais encore qu'ils descendent, comme Pantagruel, « du géant Chalbroth, d'Hurtaly, qui fut beau mangeur de soupes et régna au temps du déluge, de Morgan, lequel premier de ce monde joua aux dés avec ses bésicles... »

recherches que les renseignements incomplets des registres paroissiaux, je n'ai pu relever avec certitude que les noms suivants :

1° Marie Montel, veuve de Jean Coupat, mon cinquième aïeul ;

2° Jean Coupat, mon quatrième aïeul, fils des précédents, né vers 1693 ; il habitait Champmartin lorsque, en 1710, il se maria avec

3° Marie Lacruche, décédée à Champmartin en 1735 ;

4° Guillaume, né en 1721,
5° Louis, né en 1722,
6° Magdeleine, née en 1724,
7° Jeanne, née en 1720,
8° Guillaume, mon trisaïeul, né en 1731,
9° Jeanne, née en 1733,
10° Marie-Amable, née en 1734,

} Enfants de Jean Coupat et de Marie Lacruche, tous nés à Champmartin.

11° Jean Coupat, frère de Jean Coupat-Lacruche, marié en 1730 à

12° Gabrielle (nom illisible), originaire de Condat.

Il y avait encore à Champmartin d'autres Coupat, oncles ou frères de mon trisaïeul.

Les maigres terres du « domaine de Laire de Montboissier », appartenant aussi au « châtelain de la Praderie », étaient exploitées par une autre colonie de Coupat, apparentés aux métayers de

Champmartin. L'un d'eux, Claude Coupat, marié à Magdeleine Martin, avait quitté Champmartin, vers 1728, pour s'établir à Laire.

Le métayage au XVIIIe siècle.

Au xviiie siècle, le métayage était le mode de fermage le plus général. On estime que plus de la moitié des cultures était entre les mains des métayers. Beaucoup de paysans, n'ayant point de capital agricole, ne pouvaient devenir fermiers. On reconnaissait d'ailleurs de grands avantages sociaux au métayage. Il rapprochait le propriétaire et le colon dans une même association. Il offrait de plus au cultivateur la possibilité de se constituer une épargne en bénéficiant de l'accroissement des revenus de la métairie [*].

Toutefois, ce mode de fermage laissait d'ordinaire fort à désirer. Comme il ne donnait aucune garantie et aucune hypothèque au propriétaire, celui-ci ne faisait plus à la fin que de faibles avances à ses métayers, n'entretenait que peu de bétail dans ses terres et laissait dépérir le matériel d'exploitation sans le renouveler.

Presque livrés à eux-mêmes, les métayers étaient peu capables d'améliorer, de perfectionner la cul-

[*] GASQUET, *Institutions politiques et sociales de l'ancienne France*.

ture; d'ailleurs ils n'y étaient pas très portés, parce qu'ils n'avaient pas le produit entier de ces améliorations : ils devaient le partager avec le propriétaire. Leur initiative n'était donc excitée qu'à moitié. Et la culture était vouée traditionnellement aux petits procédés, aux petits rendements *.

On laissait longtemps en friche les champs et on ne les livrait au labour qu'après avoir brûlé les herbes et les mottes pour fertiliser le sol. Les « domaines » où l'on pratiquait la fumure étaient l'exception. On ne savait pas que la chaux fait merveille en pays granitique et froid, qu'elle détruit l'acidité du sol, le réchauffe et le rend productif. Aussi les terres ne donnaient-elles que de maigres récoltes de seigle et d'avoine.

L'élevage s'appliquant alors beaucoup moins au gros bétail qu'au petit, les troupeaux de porcs et de moutons constituaient la principale richesse animale. On élevait aussi beaucoup d'abeilles : la cire était un objet de première nécessité pour l'église, et le miel tenait quelque place dans l'alimentation.

La région était couverte de forêts qui, pour nombre de propriétaires, étaient la principale source de revenus ; le métayer lui-même y faisait paître les troupeaux et usait largement des bois qui l'entouraient pour se chauffer et s'éclairer avec les produits résineux.

* Ed. DEMOLINS, *Les Français d'aujourd'hui*.

En somme, l'agriculture restait arriérée et routinière. Il faut ajouter que nos paysans ne connaissaient pas la pomme de terre dont la culture devait, à la fin du xviiie siècle, contribuer sensiblement à améliorer leur situation.

La communauté familiale.

« Le métayage est le mode d'exploitation propre aux populations issues de la formation communautaire [*] ».

Jadis, le chef de famille conservait près de lui tous ses fils, frères, oncles et neveux, mariés ou célibataires, ainsi que toutes les filles qui renonçaient au mariage. C'était la *communauté familiale*, résultant des habitudes créées par le travail. « Du moment qu'on peut travailler et posséder en commun, on vit en commun, parce qu'il est plus facile et plus économique de rester réunis que de se séparer. » En outre, « chaque famille a intérêt à retenir dans son sein le plus grand nombre de ses membres, afin de disposer de plus d'aides et d'aptitudes diverses. »

Au xviiie siècle, la communauté morale persiste, mais la communauté matérielle est fort diminuée ; elle est réduite aux choses matérielles (comme l'habitation, les ustensiles de ménage, etc.) et aux

[*] Ed. DEMOLINS, *Les Français d'aujourd'hui.*

produits consommés en nature par les membres réunis au foyer; elle est cependant encore très reconnaissable.

La communauté permet aux métayers de réaliser une double économie : économie sur les salaires, économie sur les dépenses. Elle se soutient beaucoup moins par la puissance de travail que par la puissance d'économie, une économie faite d'extrêmes privations *. Une seule chose est réputée nécessaire : du pain. Le reste est de luxe, et ce luxe n'est pas permis à ces mercenaires de campagne. Écrasés par des charges sans nombre, ils vivent chichement. Ils ne sont pas mieux vêtus que nourris. Leur logement n'est pas plus confortable : les maisons sont en pisé, couvertes de chaume, sans fenêtres, et la terre battue en est le plancher.

La communauté familiale de Champmartin constituait, non une exception, mais un type général.

Jean Coupat, métayer à la Fougère.

Quand l'étendue ou la fertilité des terres de la métairie n'était plus en rapport avec l'accroissement de la communauté, une famille, tel un essaim, s'en détachait pour aller s'installer dans un autre « domaine ».

C'est ainsi que Jean Coupat, mon quatrième

* Ed. DEMOLINS.

aïeul, resté veuf avec sept enfants, alla se fixer à la Fougère (paroisse d'Auzelles), dans une autre métairie des Bastier où était déjà établie toute une colonie de Coupat.

La Fougère est au sud d'un assez vaste plateau qui s'étend jusqu'à la Fontane au N.-N.-E. et se développe, de l'E. à l'O., entre Neuville et le bois de la Rodde où il atteint son point culminant (900 mètres). Le pays n'est pas riche : on y voit encore aujourd'hui de grandes étendues improductives, des terres « vaines et vagues », des « bruyères », etc. *.

Jean Coupat mourut à la Fougère en 1763. Ses enfants y restèrent ou s'établirent à Neuville, sauf le plus jeune de ses fils, Guillaume, mon trisaïeul.

Guillaume Coupat, métayer à la Bournerie, puis aux Épines.

Guillaume Coupat, « fils de Jean, métayer au domaine de la Fougère, » s'était marié en 1755 avec « Marie Bravard, fille d'Étienne et de Marie Achard, du village de Neuville, paroisse d'Auzelles. »

Il en eut trois fils : Jean, qui mourut jeune, Guillaume, Antoine, et trois filles.

Peu après la mort de son père, il fut métayer au

---

* En 1901, la Fougère compte sept ménages, dont trois ménages de Coupat.

« domaine » de la Bournerie, dans la paroisse de Condat. La Bournerie compte actuellement trois ménages dont les maisons sont bâties sur le flanc méridional d'un mamelon qui domine le ruisseau de Cher. Guillaume devait y rester une quinzaine d'années.

Grâce à une économie de petits sous et de privations, il put satisfaire l'une des tendances les plus enracinées dans l'âme humaine, même dans celle d'un issu de communautaires, l'amour de la propriété individuelle, et acheter une maison * sise au « village des Épines, paroisse de Condat », non loin et à l'ouest de la Bournerie. Il l'acquit de « Jean Mercier, laboureur, habitant du lieu de Valançon, paroisse de Sugères », le 5 septembre 1780. Il est vraisemblable qu'à la Saint-Martin suivante Guillaume et sa famille vinrent habiter les Épines.

Ce hameau, qui comprend aujourd'hui une dizaine de maisons, est situé à un kilomètre et demi de Condat, à droite de la route de Montboissier, tracée sur le flanc occidental d'un plateau assez étroit dont le point culminant est au nord des Épines (877 mètres).

Guillaume était encore loin de la fortune : il resta métayer ; mais ses fils furent scieurs de long

* Et probablement un lopin de terre ; je ne puis l'affirmer, n'ayant pu retrouver qu'un fragment, en mauvais état, de l'acte de vente.

4

et journaliers et n'eurent pas ainsi à partager avec le propriétaire les bénéfices provenant de leur travail.

Les Coupat des Épines forment encore une communauté familiale assez bien accusée qui comprend, à la fin de 1785, trois ménages, plus deux enfants célibataires :

1° { Guillaume Coupat, métayer, âgé de 54 ans ; Marie Bravard, sa femme ;

2° { Guillaume, scieur de long, 27 ans, fils aîné ; Jeanne Mandon, sa femme ;

3° { Antoine, scieur de long, 25 ans, son second fils ; Louise Sauvadet, sa femme ;

4° Louise et Marie (12 ans), filles de Guillaume et de Marie Bravard.

La fille aînée avait quitté les Épines à la suite de son mariage avec Annet Vacher, scieur de long au Sopt, paroisse de Condat.

Les scieurs de long émigrants.

Guillaume et Antoine Coupat, scieurs de long, ne sont pas invinciblement attachés à la communauté et manifestent une aptitude spéciale à se tirer d'affaire en dehors de la famille.

Leur cas n'est point particulier; l'on voit partout s'accuser de plus en plus l'évolution dans le sens d'une certaine initiative individuelle.

Le Haut-Livradois, ainsi que tous les pays pauvres, fournissait depuis longtemps de nombreux émigrants qui s'éloignaient pendant une partie de l'année pour travailler comme scieurs de long. L'intendant d'Ormesson avait, dès 1698, constaté ce mouvement d'expansion. Les émigrants quittent leur pays « pour aller travailler à la scie, c'est-à-dire scier des arbres en longueur, et autres bois à faire des planches, et au remuement des terres pour les défricher et arracher des souches et chicots d'arbres... Ces scieurs de long vont dans toutes les provinces du royaume... » En 1765, l'intendant Ballainvilliers dit de son côté : « Le plus grand nombre revient tous les ans porter à sa famille de quoi payer l'imposition et repart en laissant sa femme enceinte... »

Les scieurs de long de la région de Condat émigraient dans le S.-O. de la France, surtout en Gascogne; il est intéressant de noter que ce mouvement a persisté jusqu'à notre époque.

Pourquoi étaient-ils scieurs de long? La région de Condat, qui comprend encore de grandes étendues boisées, portait autrefois bien plus de forêts qu'aujourd'hui. Les sapins étaient exportés à Paris et jusque dans les pays étrangers. Les pins, débités en planches, donnaient lieu à un commerce assez actif. Les hêtres étaient exploités en instruments aratoires, en sabots. La forêt était donc une des principales sources de revenus de ce pays pauvre, et pour abattre, façonner et débiter les arbres, il fallait un grand nombre de bras. On peut dire que le milieu imposait le métier de scieur de long. Ce métier offrait d'ailleurs l'avantage d'être exercé pendant la mauvaise saison et, par suite, de permettre aux émigrants de revenir au pays au moment où la métairie avait besoin de ses travailleurs les plus solides.

Cette émigration avait un caractère communautaire très marqué :

1° Le départ avait lieu par groupes. Les émigrants de quelques villages et « domaines » voisins s'entendaient pour partir ensemble. Ils voyageaient à pied sous la conduite de quelques vétérans qui se chargeaient de les conduire à destination ;

2° Les émigrants, habitués à la vie collective, formaient des associations de travailleurs ;

3° Les émigrants se résignaient difficilement à être longtemps séparés de leur famille et revenaient le plus tôt possible au pays.

Le contrat de mariage d'Antoine Coupat, scieur de long.

Ce que je sais des Coupat des Épines, je l'ai tiré : 1° des registres de la paroisse de Condat où leur nom est écrit tantôt Coppat et Couppat, tantôt

Coupat, Coupas et Coupa; 2° d'un fragment d'acte de vente dressé par Andraud, notaire royal à Sauxillanges; 3° du contrat de mariage d'Antoine Coupat, mon bisaïeul.

Malgré l'intérêt que peut offrir un document tel qu'un ancien contrat de mariage, celui de mon bisaïeul est d'une rédaction trop longue et trop diffuse pour être reproduit ici en entier. En voici du moins l'essentiel.

Il fut dressé par Vialon, notaire royal. Le futur — nous le connaissons déjà — était « Antoine Coupat, scieur de long, habitant au village des Épines, » second fils de Guillaume et de Marie Bravard; la future était Louise Sauvadet, fille de Jacques, meunier, et de Marie Clément, habitant au Moulin-Rouge.

Jacques Sauvadet promet de donner à sa fille : 1° pour son ameublement : un lit avec couette et coussin muni de bale, trois draps, une « couverte » en drap du pays, quatre robes neuves, « étoffes du pays », un blanchet, deux corsets ou brassières, deux jupons, un capuchon d'étamine, une nappe de trois aunes, une serviette, un coffre en chêne et sapin fermant à clef, garni du menu linge de la future, et une ruche à miel; 2° en dot, « tant pour biens paternels que maternels », la somme de soixante livres.

En outre, Vital Sauvadet, frère de la future,

« constitue de son chef particulier » une dot de trente livres.

A ces conventions, intervient Guillaume Coupat, frère aîné du futur, scieur de long, qui, « en exécution de l'institution d'héritier faite par ses père et mère », lors de son mariage avec Jeanne Mandon, et en conformité d'une condition mise à son contrat, associe à « ladite institution le futur époux pour participer par égalité aux successions de leurs père et mère... »

Ainsi « a été fait et passé au Moulin-Rouge, maison de la future, » le 14 août 1785.

Le Moulin-Rouge.

Par un jour d'août, j'ai visité le Moulin-Rouge où, pendant l'été de 1785, chaque dimanche, sans doute, mon bisaïeul Antoine allait s'arracher au collier de misères, oubliant sa pénible existence de cultivateur et de scieur de long auprès de la fille du meunier.

Sur la belle route de Condat à Sauxillanges, au delà de Puy-Chabrol, s'ouvre à gauche le sentier sinueux qui descend au Lastroux.

On franchit le petit pont jeté sur le ruisseau qui forme là une grande boucle enveloppant un pré d'un vert intense, et on arrive à la vieille demeure des Sauvadet que précède un jardin planté de pruniers et de sorbiers.

La maison me semble bien faite pour évoquer le souvenir de mes bisaïeuls. Sur le seuil de la porte, au-dessus de laquelle est encore inscrite la date de 1727, je vois apparaître l'ombre d'Antoine Coupat, le vigoureux scieur de long; dans les pièces du rez-de-chaussée, dallées de pierres noires, aux murs enfumés, garnies de vieux meubles massifs, je vois passer Louise Sauvadet, gracieuse et tendre...

Les deux frères Guillaume et Antoine, métayers aux Épines, à Saint-Jean-des-Ollières.

Mon trisaïeul Guillaume est nommé une dernière fois, en 1787, dans les actes de la paroisse de Condat ; c'est pour la mention de son décès. Sa femme, Marie Bravard, était morte peu de temps auparavant.

Déjà, leurs fils Guillaume et Antoine avaient, pour leur propre compte, pris à ferme une métairie, sans doute celle qu'avait exploitée leur père.

La culture en métayage maintenait le cadre de l'ancien état familial. Les deux frères, qui avaient paru se dégager des traditions communautaires, allaient, pendant plus de vingt ans encore, unir leurs forces et leurs intérêts, conservant près d'eux, jusqu'au jour de leur mariage, leurs jeunes sœurs

Louise et Marie. Ils étaient encore aux Épines en 1789.

La Révolution supprima bien des abus dont souffrait la classe rurale. Pourtant l'abolition des dîmes, des cens, de la corvée, de toutes les redevances féodales toucha peu la classe des simples travailleurs ; elle profita surtout aux détenteurs de propriétés roturières, nobles, bourgeois ou paysans. Les lois de la Constituante ne modifièrent pas sensiblement les contrats de louage des terres. C'est moins à la Révolution qu'à une évolution économique où la Révolution n'est pour rien, que les métayers, comme tous les paysans, seront redevables de quelques faibles améliorations apportées dans leur situation.

Guillaume et Antoine se déterminèrent à quitter les Épines pour aller à Saint-Jean-des-Ollières exploiter une autre métairie dont ils espéraient de grands avantages.

Ils avaient amassé un petit pécule qu'ils pouvaient arrondir en vendant leur maison ; ils s'étaient acquis la réputation de métayers laborieux et probes. Ils devaient donc inspirer toute confiance au propriétaire qui leur confierait un important bien-fonds.

Ils étaient encore aux Épines le 30 septembre 1792 : dans un acte notarié portant cette date, figure le nom « d'Antoine Coupat, citoyen, habitant du lieu des Épines » ; mais au commencement de novembre, ils étaient déjà installés à Saint-Jean, comme le prouve l'acte de naissance qui suit, extrait des registres de cette commune :

« Annet Coupat, fils légitime à Antoine Coupat, métayer en ce bourg, et à Louise Sauvadet, est né et a été baptisé le 10 du mois de novembre 1792... » *Signé* : « ANDRÉ, curé. »

Les deux frères métayers à Mauzun.

Voici enfin leur dernière étape comme métayers. Après trois années de séjour à Saint-Jean, ils s'établissent à Mauzun, alors chef-lieu de canton; et, en 1798, ils consentent le contrat suivant :

« Bail à moitié fruits du domaine de Sallas situé dans la commune de Mauzun et de différents héritages situés dans les communes de Trézioux et de Fayet, entre Joseph Greliche, notaire public à Mauzun, et Guillaume et Antoine Couppat frères, métayers demeurant en ce bourg, à courir du 21 brumaire an VI (12 novembre 1797). »

En voici les principales dispositions :

« Tous les fruits et récoltes dudit domaine seront partagés par moitié entre le bailleur et les preneurs. Néanmoins le bailleur en prélèvera la onzième portion, excepté des pommes de terre et du premier chanvre.

« Les preneurs battront la portion de grains du bailleur et la porteront dans son grenier...

« Ils délivreront chaque année au bailleur la paille de six cents gerbes pour la pâture et la litière des bestiaux de sa cour.

« Les grains nécessaires pour ensemencer le domaine seront fournis par moitié...

« Le produit de la vente du bétail sera partagé par moitié, et les achats payés également par moitié...

« Les preneurs reconnaissent que le bailleur leur a donné le susdit domaine garni de quatre bœufs âgés de six à sept ans, deux taureaux âgés de trois ans, deux autres taureaux âgés de trente mois, trois vaches dont deux avec chacune leur veau et l'autre pleine, trois génisses de deux ans, le tout évalué à 787 livres; quatre cochons nourrins de l'année et trente et une brebis ou moutons évalués à 3 livres 10 sous la pièce...

« Les preneurs payeront et délivreront chaque année audit bailleur : argent ; cent quarante livres ; seigle : quatre septiers ; froment : trois septiers, mesure de Mauzun ; vingt-quatre livres de beurre ; vingt-quatre livres de fromage ; douze chapons ; six douzaines d'œufs. L'argent payable à la Saint-Martin, et les autres objets lorsque le bailleur les exigera.

« Fait et passé à Mauzun, le 24 fructidor an VI

(10 septembre 1708) ». — *Signé :* « DESSAIGNE, notaire public ».

Il semble, autant qu'on en peut juger par ce bail, que l'agriculture a déjà gagné en prospérité. Il est certain que l'abolition des dîmes et des droits féodaux et l'établissement d'impôts moins élevés, moins inégalement répartis et plus régulièrement perçus, ont enrichi les détenteurs du sol. De là les progrès réalisés en quelques années, et que permet de mesurer, par comparaison, la description qu'un grand propriétaire, Saulnier d'Anchal, a faite de la condition de ses biens de Mauzun, d'Estandeuil, etc., en 1790 : « Une modique récolte de seigle, précédée d'une année de jachère, suivie d'une année de parcours en mauvais pacage, composait toute la rotation de la culture des fermes ; elle n'éprouvait aucun dérangement que par l'intercalation de quelques récoltes en pommes de terre ou avoine, obtenues aux dépens de l'année de parcours... Ainsi, dans trois années, on n'obtient qu'un seul produit... Les petits propriétaires-paysans n'ont pas adopté un meilleur système... * ».

Encore métayers, bientôt petits propriétaires.

L'ancienne communauté familiale des Coupat est, en 1803, réduite ici à sa plus simple expression. A

---

* *Notice des améliorations opérées dans les terrains siliceux et argileux* (1821).

la suite du mariage de Louise et de Marie Coupat, elle comprend seulement :

1º Le ménage Guillaume Coupat-Jeanne Mandon, sans enfants ;

2º Le ménage Antoine Coupat-Louise Sauvadet, avec quatre enfants : Annet, né à Saint-Jean en 1792, Claudine *, Jeanne, née à Mauzun en 1796 **, Antoine, né à Mauzun en 1802.

Le jour prochain où les deux frères posséderont de la terre en propre, la communauté familiale sera rompue.

Depuis 1792, ils étaient hors de cette région d'Échandelys-Auzelles-Brousse-Condat où, de tout temps, avaient vécu leurs pères; mais ils en étaient fort peu éloignés. D'ailleurs, résolus à rester à Mauzun ou dans son voisinage, ils n'avaient d'autre souci que d'acquérir chacun un petit bien qui leur offrirait des sécurités, un agrément que ne pouvait leur donner l'exploitation d'une ferme. Antoine y trouverait en outre un lieu solide où asseoir la pierre du foyer. Leur rêve allait se réaliser bientôt.

La succession d'Antoine, agrandie de celle de Guillaume, allait être, au cours du XIXᵉ siècle, morcelée à l'infini par les partages entre ses nombreux descendants, dispersée par les dépensiers et les

---

* Mariée à Guillaume Vigier.
** Mariée à Joseph Gouttefarge.

« malchanceux », reconstituée, accrue même, par les travailleurs, les économes et les habiles.

. . . .

Rien n'a été plus captivant pour moi que de rechercher, dans le passé lointain et souvent obscur, les traces des Coupat dont je descends, de reconstituer les liens multiples qui me rattachent à la vieille terre livradoise.

Il m'a été bien agréable aussi de diriger mes excursions de vacances vers ce coin d'Auvergne que j'affectionnais avant de le bien connaître et que j'aime maintenant avec passion. Les nécessités de la vie me retiennent loin de lui; mais ma pensée, comme pour se rafraîchir, se transporte souvent vers cette source de chers souvenirs.

J'aurais voulu suivre, à travers le XVIIIe et le XIXe siècle, toutes les familles sorties du vieux tronc de Champmartin. Mon étude est donc loin d'être terminée; mais je la compléterai bientôt, s'il plaît à Dieu.

TABLE.

Carte planimétrique du pays des Coupat. 3

I.
LE NOM ET LE PAYS.

Le Haut-Livradois. 5
Le hameau de Coupat. 6
L'ancien nom : Coppat 7
Transformation de Coppat en Coupat. 7
Origine du nom de Coppat 9
Coup d'œil général sur le pays des Coupat. 16

II.
CONDITION DES PERSONNES ET DES TERRES.

La maison de Montboissier. 21
Les habitants du fief à l'époque féodale : les mainmortables. 22
Les tenanciers 23
La servitude de la terre. 26
Violences des nobles. 28
Les seigneurs de Chabannes 30
La liève de la seigneurie de Chabannes 32
Le terrier. 36
Développement de la petite propriété 38
Les Bastier. 39
Vie des nobles 41

Les Coupat, métayers des Bastier	42
Le métayage au XVIII° siècle	44
La communauté familiale	46
Jean Coupat, métayer à la Fougère	47
Guillaume Coupat, métayer à la Bournerie, puis aux Épines	48
Les scieurs de long émigrants	50
Le contrat de mariage d'Antoine Coupat, scieur de long	52
Le Moulin-Rouge	54
Les deux frères Guillaume et Antoine, métayers aux Épines, à Saint-Jean-des-Ollières	55
Les deux frères métayers à Mauzun	57
Encore métayers, bientôt petits propriétaires	59

Auch. — Imprimerie LÉONCE COCHARAUX, rue de Lorraine.

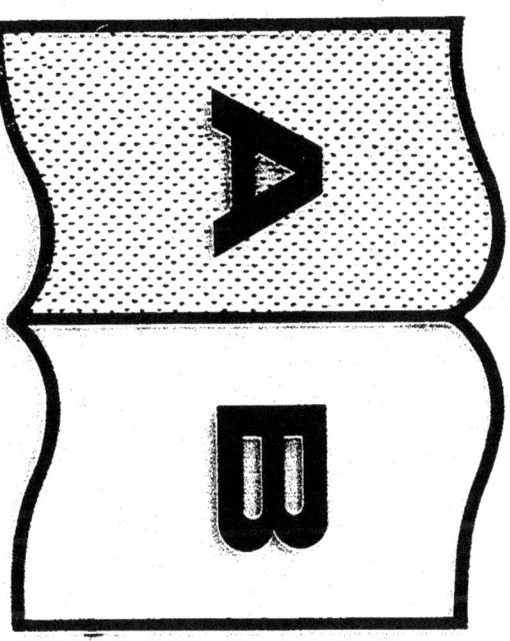

Contraste insuffisant
NF Z 43-120-14

Texte détérioré — reliure défectueuse

NF Z 43-120-11